GASTON MEI

EMBRUNS

Les Presses du Midi

À paraître chez le même éditeur *Les Presses du Midi*
dans la collection poésie :

ÉTINCELLES

Impression PDM

---

121 avenue d'Orient - 83100 Toulon
Tel. : 04 94 16 90 20 - Fax : 04 94 16 90 29
Dépôt légal octobre 2000
ISBN : 2-87867-278-X

À mes enfants
et à mon petit-fils

“INO”

Tu es née en Grèce
Par la plume d’Homère,
Sacrée comme déesse,
Fille des dieux de la mer.

C’est pourquoi, cher bateau
Je t’ai nommé “INO”.
Ce nom, je veux que tôt,
Tu le portes bien haut.

C’est un bien grand poids
Pour une si petite coque,
Mais sur la mer tu feras la loi
Et tu étoufferas ses cris rauques.

Tu affronteras avec hardiesse
Cette mer, houleuse ou lisse,
Comme le fit ta maîtresse
Pour sauver le grand Ulysse.

Gonfle tes voiles au moindre vent,
Fais craquer ta quille plus souvent,
Rends ta barre plus ardente
Et sois toujours triomphante.

Mène-moi au large, à l’horizon,
Et n’oublie jamais ton nom.
Tu as le titre de déesse,
Sois toujours la maîtresse.

À présent d’une nouvelle gloire
Tu viens gonfler mon cœur.
Au nom d’“INO” je vais boire,
Dans la coupe du vainqueur.

FEMMES

Adorables créatures !
Vous êtes l'air pur
Que nous respirons,
Vous êtes l'eau claire
Que nous buvons,
Vous êtes sur cette terre
Ce qu'il y a de plus précieux.
Vous êtes mille mets délicieux,
Vous êtes notre éternel printemps,
Un jardin de tendresse,
Un parc de caresses
Où je me promène souvent,
En respirant avec avidité
Les fleurs de votre intimité.

❖ ❖ ❖

LE RETOUR

Après cinq mois de retrait
À parcourir mers et océans
Me revoici comme avant
À tracer et retracer des traits.
La vie est une suite de poèmes.
Chacun d'eux est un jour,
Certains on les aime
Parce qu'ils sont très courts.

❖ ❖ ❖

À LA DERIVE

Je me sens vidé de moi-même,
Je ne me souviens plus qui j'aime.

Le sang me bat les tempes avec rage
Et, toi tu restes là-bas sur le Tage.

Le froid entre par toutes les portes
Mais j'ai chaud au cœur, qu'importe

Si dans ma cuisine minuscule
Toutes sortes d'ustensiles s'accumulent,

Si tous les cendriers ont débordé
Et si mon lit n'est pas bordé !

Lentement, je pars à la dérive
Et toi, gaie, toujours aussi vive,

Tu oublies près des chanteurs de Fados,
Que ma vie sombre, minuscule radeau.

❖ ❖ ❖

CORRESPONDANCE

Pour tuer le temps
agréablement,
que faire… ?
Sinon d'écrire

à ceux qu'on aime.
Leur dédier un poème
tiré de doux souvenirs.
Leur écrire deux mots,
À bientôt.

❖ ❖ ❖

PAIN DE POÉSIE

Inspiration, poignée
de grains de blé
jetés à la volée
dans mon champ rêveur.
Le soleil et la pluie
des jours heureux
ou malheureux
les feront blondir,
et de cette écriture,
comme une fine
farine
sortira du pain chaud.
Prose et sonnets,
alexandrins
et petits pains de quatrains,
nourriture essentielle
du Poète.

❖ ❖ ❖

BUVONS UN COUP

Ce soir dans mes yeux
Il pleut à verse.
Buvons un coup, vieux,
À ces femmes perverses,
À la gloire des mers,
Et passe ce goût amer.

Buvons aux nobles traces
Que nous avons creusées
Sur ces grosses pétasses
Et sur la mer brisée.

Ces traces de semence
Et ces traces de sang,
Nous, sacrée engeance
De marins errants.

Ah ! Que la vie est belle
Sur les mers et les océans,
Et, sur les douces femelles !
Allez ! Hissez haut et han !

Buvons un coup, l'Ami
Pour tuer l'ennui
Des marins perdus,
Au cœur mis à nu.
Perdu sur terre,
Le marin solitaire.

❖ ❖ ❖

AMITIÉS

Amitié sans compter,
Amitié acceptée.

Amitié intéressée,
Amitié délaissée.

Amitié désolée,
Amitié gâchée.

Amitié refoulée
Amitié fâchée.

Amitié sans suite,
Amitié en fuite.

Amitié blessée,
Amitié passée.

Amitié tu m'es chère,
Amitié tu me manques.

Amitié sans compte en banque,
Amitié des plus sincères.

❖ ❖ ❖

IDÉALE

Je te vois belle, comme dans un doux rêve…
Immensité liquide, bleue aux reflets verts.
Tu te présentes à moi, nue comme Ève.
Tu es cette beauté que l'on nomme : la mer.

❖ ❖ ❖

LES QUATRE SAISONS

Pourquoi as-tu les yeux verts ?
Parce que c'est le printemps.

Pourquoi as-tu les yeux bleus ?
Parce que c'est l'été.

Pourquoi as-tu les yeux marron ?
Parce que c'est l'automne.

Pourquoi as-tu les yeux noirs ?
Parce que c'est l'hiver.

❖ ❖ ❖

AQUARELLES ET POÉSIE

L'Aquarelle est à la peinture,
Ce que la Poésie est à la littérature.

Douces couleurs diluées dans l'eau d'inspiration,
Tendres mots reliés pour une même compréhension
Aquarelliste, tu charmes nos yeux du flou de tes couleurs,
Poète, avec des mots heureux, tu enchantes nos cœurs.
Couleurs légères jouées sur le clavier du rêve,
Symphonie de mots que les phrases soulèvent,
Aquarellistes et poètes, un bouquet de fleurs sauvages,
Et un parfum de liberté s'échappent de vos esprits en cage.
Tous deux rêvez d'espaces vierges et de grand large,
Vous êtes nos guides, pour le plus beau des voyages.

À mon fils Jean-Baptiste
talentueux aquarelliste.

❖ ❖ ❖

TRAVERSÉE D'AMOUR

Comme dans l'eau claire d'un torrent
Je plongeais dans tes grands yeux bleus,
Et me laissais porter par le courant
De nos amours langoureux.

Comme dans un champ de blés
Je me perdais dans tes cheveux blonds
Qui s'envolaient au vent d'Alizé
De nos amours sur le pont.

Comme un vent d'ouragan,
Le souffle de mon brûlant désir
Poussait à l'enflammer, le navire
De nos amours ardents.

Comme sur un océan déchaîné,
Mes mains étaient des bateaux désemparés
Qui escaladaient les vagues de ton corps,
De nos amours rentrant au port.

❖ ❖ ❖

OUBLIER

J'ai voulu oublier
Cet amour impossible,
Et je me suis brouillé
Avec mon âme sensible.

J'ai voulu oublier
Mes sentiments immenses
Et de mon esprit, rayer
Jusqu'à ton existence.

J'ai voulu oublier
Mes rêves sans lendemain,
Et me mettre à briller
Sur un autre chemin.

J'ai voulu oublier
Ton visage souriant,
Et je me suis effrayé
Des sourires complaisants.

J'ai voulu oublier
Jusqu'au son de ta voix,
En essayant de délier
Les cordes de mon désarroi.

J'ai voulu oublier
Ton plaisir pour la danse,
Et je me suis noyé
Dans un profond silence.

J'ai voulu oublier
Toutes tes confidences
Et me mettre à crier
Ton abus de confiance.

J'ai voulu oublier
Ton corps tant désiré
En allant déshabiller
Des femmes éthérées.

J'ai voulu oublier
Que tu étais…
C'était vouloir oublier
Que je t'aimais.

❖ ❖ ❖

EAU DE POÉSIE

Ô ! Douce et claire poésie,
Eau de source de mon esprit rêveur,
Coule et baigne de ta fraîcheur,
Comme une terre sèche et aride,
Une page de vie insipide.

Ô ! Douce et claire poésie,
Eau fraîche du torrent de mon âme,
Éclabousse des notes de ta gamme,
Les mots que mes phrases déclament,
Et que la triste page de vie réclame.

Ô ! Douce et claire poésie,
Eau du ruisseau de mon cœur
Qui court en méandres sur la plaine,
Arrose les champs, les arbres et les fleurs
Et, cette page de vie, de couleurs sera pleine.

Ô ! Douce et claire poésie,
Eau glacée des cascades de ma vie
Qui tombe en pluie fine et insidieuse
Sur tant d'années malheureuses
Et inonde cette page de vie qui finit.

❖ ❖ ❖

J'AI RÊVÉ…

J'ai rêvé d'horizons bleus
À l'aube de mon enfance,
J'ai vu des horizons merveilleux,
Dans des traversées de souffrances.

J'ai rêvé de grands bateaux
Déchirant l'océan vert,
J'ai barré des voiliers si beaux,
Glissant leur chemin sur la mer.

J'ai rêvé de grandes découvertes
Aux îles de mon imagination,
J'ai découvert des îles désertes,
À ma grande satisfaction.

J'ai rêvé de belles insulaires,
Au couchant de mon adolescence,
J'ai aimé des noires incandescentes
Qui avaient tout pour plaire.

Je rêve encore et toujours,
Sur le chemin de l'eau verte,
De rencontrer l'Amitié et l'Amour,
Doux fruits de l'arbre des découvertes.

❖❖❖

SALUT À VOUS !

Marins du “Feu Follet”
Au sillage non pollué.
Pour la simple cause,
Ce n’est pas la prose
Qui va faire avancer
Des chevaux fatigués.
Vous qui, avec votre toile
Avez laissé la digne trace
De notre noble race
La marine à voile.
Il en a fallu, des clés,
Des outils, des tenailles,
Pour la faire avancer
Cette maudite ferraille.
Mais comme disait Xavier
Cent litres de fuel économisés,
C’est tout autant de gagné
En litrons de rouge ou rosé.
Les photos en font foi,
Car pour marcher tout droit,
Il vous a fallu une remorque
Pour quitter l’Île de Minorque.
Ci-joint, sans flou,
Témoignage de photos.
Amitiés salées à vous,
Et souvenir à votre bateau.

❖ ❖ ❖

LA SOCIÉTÉ

On naît sur un lit de billets,
Ou on naît sur la paille.
Soit qu'on est douillet,
Soit de forte taille.

Il y a toujours l'argent,
Qui ôte tout amour,
Il y a l'être intelligent,
Et le gros balourd.

Il y a l'inconscient,
Heureux et content
Il y a le gros cocu,
Bourgeois joufflu.

Il y a celui qui parle beaucoup
Et qui ne fait rien du tout.
Il y a la jolie femme
Qui n'a pas d'âme.

Il y a ceux qui travaillent,
Et ceux qui vivent de ripailles.
Il y a les impôts,
Qui tombent sur le dos.

Il y a la politique
Et l'ordre ecclésiastique.
Il y a tout ça assemblé
Qu'on appelle "La Société".

SOLITUDE

Solitude, tu me rends fou,
Tu fais de moi un sauvage.
Mes pensées sont bien loin de tous,
Mon regard perdu dans les nuages.

Allongé sur mon lit pendant des heures,
J'écris, je lis, je ris ou je pleure.
Solitude n'avais-je pas assez d'adversaires
Pour lutter contre cette vie amère ?

❖ ❖ ❖

PROMENADE NOCTURNE

Je suis le promeneur d'un soir,
Amie, je t'écrirai une longue lettre.
Je pense à toi dans la nuit noire,
Et, près de toi, je voudrais être.

Mes yeux verts comme l'espoir,
Dans l'avenir essayent d'apercevoir
Notre amour, notre union, un foyer,
Des enfants et une femme aimée.

❖ ❖ ❖

CHANT D'AMOUR

Chante mon cœur
À cette vie nouvelle,
Chante le bonheur,
Tes enfants t'appellent.

Chante les retrouvailles
Et les éclats de rire,
Chante le travail,
Le malheur expire.

Chante à Alexandre
Et à qui veut l'entendre
Chante ta grande joie,
Le cœur gonflé d'émoi.

Chante à Romain
Les meilleurs lendemains.
Chante-lui l'amour
Des nouveaux jours.

Chante au ciel et au soleil,
À la mer et ses merveilles,
Chante à tes deux enfants,
La vie de maintenant.

❖ ❖ ❖

FUIR

Ô ! Douce Mère Nature, fuir en ton sein
Et, laisser là, la société et son air malsain.

Oui ! fuir vers toi et vivre avec toi,
Respirer l'air pur de tes océans et de tes bois.

Oublier à jamais ces êtres qui puent
Et qui, pour se faire une place s'entretuent.

Pour ceux qui savent lire dans ton ciel,
Miroir magique de tes grands yeux bleus,

Il n'est d'autres franchises plus belles
Quoi qu'en disent ces hypocrites hideux.

Sentir tes grands souffles de soulagement
Et de fatigue, sur les mers et les océans,

Recueillir dans mes mains tes larmes si douces
Et les boire comme à une jeune source.

Entendre claquer au-dessus de ma tête, ta colère
Comme un avertissement, et lire dans tes éclairs

Un signe de vengeance contre l'homme impur
Qui te salit et te saigne. Ô ! Ma chère Nature.

Que de rêves à tes côtés rendent mes nuits si bleues,
Et que ton absence me rend triste et malheureux.

Viendra-t-il enfin ce jour du grand départ,
Où, par les mers et les bois irais chercher ma part,

De joies, de consolations et de tous les secours,
Introuvables dans ce triste fouillis humain sans amour ?

❖ ❖ ❖

L'ASTRE ROI

Ô ! Soleil, roi de notre réveil,
Notre journée sera une merveille.
Toi, qui le matin nous ouvres les yeux,
Nous guides tous les jours un peu mieux.

Ô ! Soleil, roi qui soigne de ta chaleur
La morosité de tous les cœurs,
Toi, qui nous chauffes de si haut,
Nous donnes un joli teint à la peau.

Ô ! Soleil, roi de notre galaxie,
Sans toi ce serait l'asphyxie.
Toi qui nous éclaires de là-haut,
Nous enlèves tous nos oripeaux.

Ô ! Soleil, roi jusqu'à la nuit,
Ton coucher nous ôte tout ennui.
Toi, qui pour nous donner un espoir,
Nous fais un clin d'œil vert tous les soirs.

❖ ❖ ❖

FLEURS DE LUNES

Pour toi,
j'irai cueillir des lunes
aux pétales éclatés
sur le versant de la voie lactée,
il n'en restera pas une.
Je marcherai sur les nuages,
m'accrocherai aux astéroïdes de passage
pour atteindre cet immense champ planté
de lunes d'or aux reflets blancs.
J'irai jusqu'aux confins de l'univers
pour en cueillir de plus belles,
des lunes de diamant et de lumière,
fini les roses rouges traditionnelles.

❖ ❖ ❖

IVRESSE D'AMITIÉ

De bateaux en bateaux,
De rhums en tequilas,
Dans la baie de Marigot…
Mais était-ce bien là ?

Je ne sais plus,
J'ai dû trop boire,
Raconter des histoires...
Des poèmes j'ai lus.

Sur “Angie”, le dîner
Était déjà bien arrosé,
J’ai fini à l’heure de la rosée
Ou en début de matinée.

J’ai mal aux cheveux
Que je n’ai plus,
C’est dire si j’ai bu…
Comme marin heureux.

De notre vie passée
Avons longuement ressassé,
De celle à nous venir…
Pour plus de souvenirs.

Des projets de croisières,
Encore un petit verre,
Et nous voilà partis
En direction de Tahiti.

À moins qu’un convoyage
Nous pousse au Canada ?
Encore une tequila
Et, c’est sons et images.

J’ai très mal aux cheveux,
À ceux qui ont disparu,
N’importe, je suis heureux,
J’ai des amis en plus.

❖ ❖ ❖

MES ENFANTS

Enfants petits
Enfants gentils.

Enfants plus grands
Enfants méchants.

Enfants coquins
Enfants taquins.

Enfants chéris
Enfants pourris.

Enfants de défis
C'est ma Sophie.

Enfant artiste
C'est Jean-Baptiste.

Enfant si tendre
C'est Alexandre.

Enfant malin
Mon petit Romain.

Enfants d'amour
Enfants toujours.

Mes quatre enfants
Que j'aime tant.

SAISONS

PRINTEMPS

Ô ! Jeunes pousses de velours
Baignées de fraîcheur d'amour,
Ô ! Romantiques souvenirs,
Premiers baisers, premiers désirs.

ÉTÉ

Ô ! Brûlantes étreintes
Sans ruse et sans feinte,
Ô ! Chaudes nuits d'amour dévoilées,
Sous la grande voûte étoilée.

AUTOMNE

Ô ! Triste pluie tiède, fine et insidieuse,
Mon cœur est un lac d'eaux boueuses.
Ô ! Feuilles d'amour qui tombent lentement,
Préparant le vide et la froideur des amants.

HIVER

Ô ! Glaciale saison d'un amour perdu,
Mes jours sont noirs, mon cœur est fendu.
Ô ! Froideur des nuits sans sommeil,
Où es-tu, Toi, mon unique soleil ?

❖ ❖ ❖

LIBERTÉ

Qui n'a pas connu la mer en furie,
En écoutant "La Chevauchée des Walkyries"

Qui n'a pas entendu le vent d'ouragan,
Chanter jusqu'à hurler dans les haubans

Qui n'a pas été fasciné, tremblant de peur,
Face au vent et à la mer en fureur !

Qui n'a su admirer avec béatitude,
Le ciel, la mer et les nuages s'embraser

Qui n'a pas été sublimé par la Lune,
Et la voir déverser sa coulée argentée

Qui n'a pas perdu toute sa patience,
Sur une mer lisse comme un miroir

Qui n'a pas un jour, perdu tout espoir,
De voir approcher la terre avec délivrance

Qui n'a pas été légèrement ballotté,
Dans un lagon ou une crique abritée

Qui n'a pas été, dans une traversée,
Par l'alizé tiède, tendrement caressé

Ou vu sur la mer, le rayon vert se jeter,
N'aura jamais vécu la grande "Liberté".

FEMMES

Combien de fois l'ai-je déjà dit :
Que vous étiez des créatures divines,
Que vos formes me mettent en appétit
D'amour, dès que je vous sens câlines.

Ô ! Femmes, fleurs de mon jardin de rêves,
Je trouve la vie un peu trop brève,
Pour cueillir un gros bouquet multicolore
De ces fleurs que je veux voir éclore.

Même si, nombreuses sont celles
Qui m'ont créé tourment et ennuis,
Ou qui m'ont griffé de leurs épines,

Comme le genêt, la rose, ou l'aubépine,
C'est là, tout le piquant de la vie,
Et jamais, je ne pourrais me passer d'Elles.

❖ ❖ ❖

LA MER

Je n'étais qu'un enfant
Et tu baignais déjà
Mes petits pieds blancs,
Sur les plages, tout là-bas.

Aux clapots des vaguelettes
Des plages de La Goulette,
Je riais de tes chatouilles
Et fendais ma petite bouille.

J'étais un enfant sage
Et, sur le bord de tes plages,
Je ramassais des coquillages
En rêvant de grands larges.

Et puis tu m'as porté,
J'ai appris à nager,
À connaître tes humeurs
Et tes grandes profondeurs.

Bel adolescent impatient,
J'ai versé de mon sang,
Comme un pacte amoureux,
Dans l'azur de tes yeux.

Jusqu'au soleil couchant,
Près de toi, sur les galets,
Je restais pour me régaler
De ton admirable flamboiement.

Voulant me remercier
De ma grande fidélité
Tu me montrais en fraude,
Ton collier d'émeraudes.

Je t'aimais déjà, c'est sûr,
Quand tu t'habillais d'azur
Aux dentelles d'écume
Et que l'iode te parfume.

À la fraîcheur du soir,
Un grand paréo noir
Constellé de diamants,
Tu empruntais au firmament.

Dans les nuits noires,
Calmes et écrasantes,
Tu te prenais pour le miroir
De la lune jaunissante.

Maîtresse à part entière
Des marins solitaires,
Tu es le gouffre amer
De Charles Baudelaire.

Tu te nourris de bateaux,
Et de leurs équipages,
Tu fis pleurer Hugo,
À la force de l'âge.

J'ai appris la patience
Et la grande endurance,
À ta rude école du large,
En prenant tout à ma charge.

Voilà plus de trente ans,
Qu'avec toi, je suis heureux,
Attends les noces de diamants
Que nous fêterons tous deux.

❖ ❖ ❖

LA VIE QUE J'AIME

J'aime gagner de l'argent
Et le dépenser en chantant.
J'aime bien manger, bien boire,
Et faire la fête tous les soirs.

J'aime le doux parfum des femmes
Et leurs caresses qui m'enflamment.
J'aime la mer aux mille visages
Et m'endormir sur ses rivages.

J'aime écrire de simples poèmes
Sur les chaudes îles antillaises
Et leurs femmes aux corps de braise.

J'aime écrire l'amour sans compassion
Qui, toujours me brûle avec passion,
Et sur la vie que j'aime, que j'aime.

❖ ❖ ❖

LA CHUTE

Attention à la Liberté trop recherchée.
Elle t'entraîne vers la grande solitude,
Et là, personne ne viendra te chercher
Puisque tu as fui la multitude.

Crois-tu pouvoir aimer toujours
Si tu restes loin de tous, solitaire ?
À qui veux-tu donner de l'amour ?
Si tu restes constamment seul, en mer.

C'est toi qui saignes à présent
Des coups de griffes que tu as donnés,
Toi que l'on disait le bien-pensant
À la conduite souvent désordonnée.

Tu es comme ce tronc d'arbre pourri
Qui dérive entre deux eaux croupies,
Tout rongé par les vers du regret
Qui vont bientôt te faire sombrer.

Qu'as-tu fait, de ta chienne de vie,
Pour qu'à présent, personne ne t'aime ?
Tu as dû faire souffrir trop d'amis,
Ou tu n'as aimé que toi-même.

C'est donc ton égoïste attitude
Qui t'a poussé vers la Liberté,
Et avec toute son habileté
T'a fait chuter dans la solitude.

❖ ❖ ❖

SOIRÉE IMBIBÉE

Politique, impôts, guerres,
Saint-Martin, encore un verre,
Discussions à bâtons rompus,
Grandes réflexions, avenir fichu.

Femmes, enfants, tout y passe,
Je bois et me sens las,
Aucun sujet ne m'intéresse,
Je crache du venin sur tous.

Je critique sans délicatesse,
Je bois et bois comme un trou.
Socialiste, capitaliste, chômeur?
Plus que jamais à cette heure.

Pauvre, je suis, matériellement,
Mais riche, intérieurement.
Vie intense dans l'aventure,
La Liberté, l'Amour et l'écriture.

L'alcool coule lentement
Et me réchauffe intérieurement.
Mon esprit enfin se réveille
Comme mon corps au soleil.

Car sur le pont, je me suis endormi,
Et à la belle étoile ai passé la nuit.

❖ ❖ ❖

LE PEINTRE POÈTE

Tu me confias un soir,
Que l'herbe était jaune
Et le ciel tout noir.
Ta vue est-elle bonne?

Tu insistas en m'affirmant
Que la mer était rouge.
Non pas au soleil couchant,
Mais à l'heure où tout bouge.

Tu n'es pas daltonien ?
Le soleil n'a pas brûlé tes yeux ?
Que je vois toujours bleus,
Et me font douter des miens.

Tes nuages sont tout verts,
Insistes-tu presque en colère.
À présent je doute, je me perds
Dans tes couleurs à l'envers.

La Terre est toute bleue,
Comme le bleu d'œuf.
Non ! Là, tu me bluffes,
Tout ça n'est pas sérieux.

Ton léger sourire moqueur
Dit que tu te payes ma tête.
Tu as changé le nom de tes couleurs,
Simplement, comme un Peintre-Poète.

❖ ❖ ❖

CICATRICES

Tel un ouragan sur ma vie, tu passes
Sans te soucier de l'amour que tu chasses.
Tel un cyclone sur mon esprit, tu ravages
Des sentiments profonds réunis en partage.

Comme des lames de fond rageuses, tu effaces
Des promesses solennelles tracées sur la plage.
Comme un déluge de grêle, tu me glaces,
Quand tu dis que tu veux tourner la page.

Telle la lave qui coule d'un volcan en éruption,
Tu couvres mon corps de cicatrices brûlantes.
Telle quelle tu cours en d'autres lieux, fumante,
À la recherche d'autres prises à ta disposition.

Un typhon dévastateur est ton esprit possessif
Qui vient m'engloutir comme un frêle esquif,
Parce que j'avais cru, homme ridicule,
Pouvoir naviguer avec toi, femme incrédule.

❖ ❖ ❖

LA GÉOMÉTRIE

Un trait droit soudain s'est tordu,
La ligne brisée du trait droit est issue.
Ainsi est né le premier des angles.
Ajoutez un trait et vous aurez un triangle.

La première figure de géométrie est née.
À l'école, les jeunes enfants sont malmenés
Par l'isocèle, l'équilatéral et plus encore,
Par le triangle rectangle de Maître Pythagore.

Rajoutez un côté à ce fameux triangle,
Et vous aurez un carré, un rectangle.
Mais cela, maître, nous paraît bien plat,
Je sais, la géométrie ne s'arrête pas là.

Nous sommes encore sur le papier à dessins,
Le grand espace vous révélera ses desseins.
Continuons par le losange, carré bien déformé,
Et le trapèze issu du rectangle abîmé.

Je ne vous parle pas de leurs angles différents,
De leurs côtés inégaux ou égaux deux à deux
Qui les rend les uns beaux et les autres hideux,
Comme les hommes, la géométrie a ses figurants.

Venons-en à ce trait unique qui se rejoint,
Toujours à égale distance d'un seul point.
Je veux parler du cercle, du rond, du cerceau,
Du serpent qui se mord la queue, pauvre sot.

Mais la géométrie est matière à bien des réflexions.
Dans l'espace les volumes ont une autre dimension.
La pyramide, volume issu du triangle, sa pointe,
Le pharaon a voulu qu'au ciel elle soit rejointe.

Le cube, résultante tridimensionnelle du carré,
Est pour certains un tout premier emblème,
Celui du travail exécuté sur soi-même,
Qui n'est pas aussi simple qu'il y paraît.

En passant par le cercle qui engendra la sphère,
Nous atteignons maintenant l'espace et ses mystères.
Figure parfaite dans l'expression du grand Univers,
Intention de l'Esprit Divin qui veut tout parfaire.

❖ ❖ ❖

ÉPAVES

Être une épave, pour un bateau,
Est une belle fin, ma foi,
Car son élément étant l'eau,
C'est pour lui, un linceul de choix.

Être une épave humaine
Est une triste fin en soi,
Qui rapidement l'entraîne
Dans une grande caisse en bois.

Un écueil peut être évité,
Il faut savoir le contourner.
Le bateau ne l'a pas mérité,
L'homme s'est détourné.

C'est toujours droit devant
Qu'il te faut regarder,
Et ne pas te laisser guider
Par tous les faux-semblants.

❖ ❖ ❖

COULEURS

Mets du blanc dans ta vie,
Et jaillira la transparence.
Avec la pureté en abondance
La sagesse tu auras gravie.

Le blanc allège les couleurs
En même temps que les peines.
Il éliminera tes malheurs,
Et ton cœur sera sans haine.

Ta vie ne sera plus qu'un rêve
Traversée sur tons pastels.
Ôte le noir sans trêve
De ta triste vie rebelle.

Le noir n'est pas une couleur,
Elle obscurcit tes yeux.
C'est le néant, le malheur.
Ôte-le vite, tu verras mieux.

Un peu de jaune éblouissant
Tiré des rayons du Soleil,
Et tu remettras en éveil
Ton grand corps amollissant.

Tout ton être éblouira,
Éliminant les jours sauvages.
Une grande joie te reviendra
Pour égayer ton entourage.

Mets du bleu dans tes lunettes
Il te rendra moins sérieux.
C'est la couleur des poètes,
Va, dans le ciel, plane un peu.

C'est aussi la couleur de l'eau claire
Chère à tous les grands navigateurs.
C'est le grand bleu des plongeurs
Cette immensité bleue d'outre-mer.

Le rouge est la passion primaire
Qui fait éclater ton cœur.
Comme les entrailles de la Terre,
Elle dégage une grande chaleur.

N'abuse pas de cette couleur,
Elle ne t'apportera que des douleurs.
Car dans un cœur qui saigne,
Il n'est pas bon que l'on s'y baigne.

Le vert est un mélange heureux
Né du jaune éclatant et du bleu
Reposant, c'est la couleur de l'espoir
Pour passer des jours moins noirs.

Un mélange de couleur dans l'espace,
Donne une palette à l'infini.
Tout comme le mélange de races
Apporte une humanité mieux finie.

❖ ❖ ❖

HEUREUX

Heureux ce soir,
Heureux sans boire.
Heureux d'écrire,
Heureux sans rire.

De gaieté, je suis ivre,
En gaieté je veux rester.
De gaieté je suis grisé,
En gaieté je veux vivre.

Le bonheur est peu de chose,
Le bonheur, où est la cause ?
Le bonheur est dans ta tête,
Le bonheur, c'est le cœur en fête.

❖ ❖ ❖

LES PORTES

Les portes qui se ferment,
le chômeur est malheureux.
Les portes on referme
sur un passé douteux.
Les portes ouvertes
les malins les enfoncent.
Les portes grandes ouvertes
pour ceux de la défonce.
Une porte sur l'avenir,
une chance à saisir.
Les portes qui sont scellées,
œuvres d'huissiers.
Entrer par la petite porte,
est quand même une issue.
Ou alors on claque la porte,
sur un amour déçu.
Les lourdes portes blindées,
de bourgeois guindés.
Les portes de l'Enfer,
ou celles du Paradis,
seront les toutes dernières,
à se refermer sur la vie.
Que de portes du destin,
sont sur notre chemin ?

FEMMES ET BATEAUX

Qu'y a-t-il de plus beau,
Qu'une femme et un bateau ?
Ce sont les deux maîtresses
d'une bien drôle d'espèce
en voie de disparition.
La lutte pour leur possession
est un combat de Titans,
ou une question de temps.
Elles ont toutes deux,
de belles garde-robes
jetées à notre opprobre
pour mieux voiler nos yeux.
À l'une il faut l'ôter,
pour mieux la posséder,
à l'autre il faut la hisser,
pour mieux la maîtriser.
Posséder une femme aimée
sur son bateau dompté,
est une victoire méritée,
sur une mer enfin calmée.

❖ ❖ ❖

AMOUR ET TEMPS

Le temps de t'aimer,
Toujours.
Le temps de voir,
t'admirer.

Le temps de t'attendre,
espoir.
Le temps long,
séparation.
Le temps perdu,
regrets.
Le bon temps,
bonheur passé.
Le mauvais temps,
disputes.
Le temps des caresses,
tendresse.
Le temps de boire,
désespoir.
Le temps qui passe,
lassitude.
Le temps de rire,
joie.
Le temps de pleurer,
tristesse.
Le temps de chanter,
gaieté.
Le temps de vivre,
une passion.
Le temps est de l'argent,
trésor.
Le temps qui court,
vis ton amour.
Le temps qui reste,
sagesse.
T'aimer longtemps,
éternellement.

À CHACUN SA MISÈRE

Certains, en leur temps,
Ne voulaient pas de guerre.
Quant à moi, maintenant,
C'est du travail que j'espère.

S'ils étaient déserteurs,
Moi, je suis chômeur.
À chacun sa guerre
Et chacun sa misère.

Être un déserteur
Est tout à son honneur.
Être un chômeur
Est un grand déshonneur.

Se munir d'un fusil
Pour aller tuer ses frères,
Il faut être homme vil,
Et mériter l'Enfer.

Recevoir de l'argent
Sans travailler un brin,
C'est devenir fainéant,
Un peu plus chaque matin.

❖ ❖ ❖

À NOS AMIS TERRIENS

Le vent souffle de plus en plus fort, l'ouragan approche.
Les Terriens dans leurs voitures sont là, près des roches,
À nous regarder béatement, comme des singes en cage,
Ou à nous plaindre de ne pas être à leur image.

Certes, nous n'avons ni fondations, ni racines,
Mais comme l'oiseau sur le ciel se dessine,
Nous autres marin, essayons de saisir l'horizon
Qui, pour bien vivre, est notre seule raison.

Nous aimons le doux balancement de la houle
Dans les bras de notre bien-aimée mer-poule,
Peut-être pour continuer une tendre enfance
Écourtée sur Terre pour ses souffrances.

Je parle pour moi, mais n'avons pas tous notre pareil,
Bien que tous les marins soient à la poursuite du Soleil.
C'est le marin qui parle avec des mots salins,
Et qui sait que sur la mer, il y a d'autres marins.

Il y a ceux qu'on appelle mangeurs d'écoutes
Et qui prennent la mer pour une large autoroute,
Sur de drôles d'engins qu'on dit être des bateaux,
Traçant leur route comme un champ au cordeau.

Voulant à tout prix battre le dernier des records
Dans de grandes traversées, souvent seul à bord,
Et rejoindre des ports de plus en plus lointains
Qu'ils voudraient atteindre dès le lendemain.

Mais non ! Amis Terriens, amis des villes,
Nous ne sommes pas en cage, ni à plaindre,
Le ciel et la mer sont notre toile à peindre
Sur laquelle nous voulons mettre des îles.

Je sais que tout homme à chacun est utile,
Alors ne jetez pas sur nous des regards futiles.
Il y a d'autres richesses que celles que vous cherchez,
Pour nous c'est l'ivresse sur les vagues, haut perchés.

❖❖❖

QUATRE SAISONS D'AMOUR

AMOUR de jeunesse,
D'avant vingt ans.
Rendez-vous galants
Premières caresses.

AMOUR de raison
Autour de trente ans.
Arrivée des enfants,
Travail, argent, maison.

AMOUR passion,
Vers quarante ans.
Remise en question,
Amours déchirants.

AMOUR sagesse,
Après cinquante ans.
Grande tendresse,
Amour reposant.

LE PAIN NOIR

Tu l'as bien dévoré
Ton doux pain blanc.
Dès ton enfance dorée
T'en as été gourmand.

Dans la grande insouciance
De ton adolescence,
T'as mordu à pleines dents
Dans ton doux pain blanc.

Quand un homme, tu es devenu,
Tu l'as fini, tout content.
À présent, il ne reste plus
De ton doux pain blanc.

Dans ton âge avancé,
Le pain noir t'est resté.
Il te faudra le manger
Sans pouvoir le partager.

Ta vieillesse sera assombrie
Par ton pain noir rassis,
Car tes dents se sont usées
Sur une jeunesse bien passée.

❖ ❖ ❖

CRÉATION

Je pars avec mes pinceaux
Et mes tubes de couleurs.
J'emporte avec mon stylo,
Un sac de mots rêveurs.

Cap sur une île déserte,
Pour vivre la Création
Et ne pas rester inerte
Dans cette civilisation.

Dans la Nature vierge
J'éclaterai mes yeux,
J'écrirai sur la berge,
Sous la voûte des cieux.

Mes couleurs explosent
Sur ma toile tendue,
Et j'écris ma prose
Sur le sable étendu.

Merveilleux tons de verts
Sur les basses collines,
Et tous ces bleus en mer
Que le Soleil illumine.

Ces couleurs parsemées
Et cette brise parfumée
Viennent des fleurs sauvages
De ce merveilleux paysage.

Mais le soleil se couche
Et rougit tout ce qu'il touche.
La forêt brûle par illumination
Et la mer est en fusion.

Les rochers, des pépites perdues
Sur la plage recouverte d'or fondu.
Des milliers de vaguelettes
Transformées en autant de paillettes.

Puis vient le manteau de la nuit
Pour le repos de toute vie.
Mes rêves ne sont qu'explosions
Des premiers jours de la création.

Bercé par le chant du clapot
Et, par la lune tendrement caressée
Je glisse dans les bras de Morphée
Et m'abandonne au doux repos.

❖ ❖ ❖

LA DANSEUSE

Danseuse classique
Ou Lambadanique,
L'art de la danse
Te met en transe.

Orchestre philharmonique
Ou ensemble steel-band,
Ton corps s'implique
Avec les instruments.

Ta pensée s'est jointe
À toutes les notes.
En chaussons à pointes,
Ou élégantes bottes,

En tutu immaculé,
Ou mini-jupe bariolée,
Tout est mouvements,
Grâce et enchantement.

Grand Art chorégraphique
Est toute danse,
Son expression explique
Ce que l'âme pense.

Seule sur la piste
Ou sur la scène,
Plus rien n'existe
Tu es la Reine.

❖ ❖ ❖

MON JARDIN MERVEILLEUX

À la fraîcheur d'une brise d'alizé matinale,
Je m'en vais admirer mon jardin floral
Pour donner plein de beauté à mes yeux
Et me faire aimer ce don des cieux.

L'arc-en-ciel, sur mes fleurs s'est jeté,
Les couleurs de son prisme sont projetées
Pour me donner ce merveilleux jardin
Où j'aime me promener tous les matins.

Les grands héliconias jaunes et rouges
Aux fleurs qui semblent des oiseaux
Perchées sur leurs tiges fines comme des roseaux,
Voudraient s'envoler tant elles bougent.

Dans leurs branches, les bougainvillées ont capté
Toutes les couleurs et rempli leurs bractées.
Violet comme une soutane qu'un Cardinal
Aurait accrochée là, après la messe dominicale.

Blancs comme des flocons de neige posés,
Ou de délicats papillons fatigués, venus se reposer.
Je m'assois un instant sur une grosse pierre plate
Afin que mes yeux, de cette beauté se flattent.

Amaryllis rouge, dont le fort vin de Bacchus
Aurait teinté le délicat calice de cristal,
Dans une folle et mouvementée nuit de bacchanales,
Pour me donner ainsi une couleur en plus.

À mes pieds, un buisson de fortune est déposé
Comme un coffre de louis d'or qui aurait explosé.
C'est l'allamanda à la fleur aux pétales d'or
Qui offre à mes yeux son fabuleux trésor.

Le lys à l'huile et sa fine fleur étoilée
Semble être tombée cette nuit du ciel étoilé,
Ramenant de là-haut un parfum sans pareil.
Cela s'est fait cette nuit pendant mon sommeil.

Cette haie de gouttes de sang rouge écarlate
Comme autant d'étincelles d'un brasier qui éclate,
Tombent lentement et forment un épais tapis
Sur le bord du chemin de terre de Pic Paradis.

Contre un grand mur blanchi à la chaux
Des alpinias appelés aussi "À tous maux"
Ou "red ginger", fleurissent en épis roses.
Dans leurs bractées, des fleurs blanches se reposent.

L'un des rares arbres des Antilles aux feuilles caduques,
Le roi des tropiques, trône en haut de mon jardin.
À côté de lui, les autres ne sont même pas ducs.
En le voyant fleurir, ils se ramassent comme des nains.

Quand les rayons du soleil sur lui se sont jetés,
Son flamboiement est tel qu'il en devient Majesté.
Tous s'écartent de lui pour le laisser briller,
Il brille nuit et jour sur le chaud sol antillais.

J'ai pris une bonne dose d'air pur et de couleurs
Dans ma promenade matinale et journalière, me voici
Enchanté et comblé d'avoir de si belles fleurs
Ordonnées par la nature qu'humblement je remercie.

❖ ❖ ❖

SOUVENIRS

Kémia piquante de babalouches
Au chaud pays des babouches,
Sirotant des verres de blanche…
Tiens-toi fort aux branches.

Accoudé au zinc du comptoir,
Entouré de frères pieds-noirs,
Passage d'une belle jeunesse
Un dimanche après la messe.

L'après-midi, au bois des olivettes,
Avec chacun fusil et gargoulette,
Allions chasser les étourneaux.
Allah, que ton pays était chaud !

J'avais peut-être dix ans et déjà
J'allais pêcher de grosses anguilles
Sur les bords de l'Oued Tindja,
Avec Pépère toujours tranquille.

Parmi les joncs du lac Ihkeul,
La nuit tombant comme un linceul,
C'était la chasse aux oies et aux canards.
Tout le village en avait une bonne part.

Dans les champs, autour des olivettes,
Nous partions à la chasse aux alouettes.
Elles avaient une tête, pas comme celles
Que Maman cuisait dans sa gamelle.

Dans les étroits sillons de vigne
Entre les ceps tordus et rabougris,
Nous allions débusquer la perdrix
Avec Grand-Père toujours très digne.

À la lueur du jour naissant,
Sur les routes encore désertes,
Nous roulions vers le lac de Bizerte
Sur nos vélos toujours grinçants.

Nous partions pêcher la crevette
Avec nos pousseux à mailles fines,
Bel ouvrage tressé à la navette.
Seule manquait Grand-Mère Alphonsine.

Jamais, le gibier ou les poissons
Par Grand-Père ne furent vendus.
C'était un échange de raison.
À présent tout cela s'est perdu.

Le boulanger au visage rougeaud
Nous donnait du pain tout chaud,
Et pour le petit gars, en cadeau
"Tu prendras bien un petit gâteau".

C'était aussi notre vieux voisin
Courbé par les ans, les cheveux blancs,
Cueillant les légumes de son champ
Pour nous en donner un plein couffin.

Fini ce bel échange harmonieux.
L'homme a vu là, une grosse manne.
Pour l'argent voilà qu'il se damne
Tout en croyant vivre mieux.

❖ ❖ ❖

SONNET L'ALARME

Brûler les grands arbres, c'est comme
Faire mourir les grands hommes.
Salir les océans et les petites mers,
C'est vouloir tuer sa propre mère.

Que vous a-t-elle fait cette belle forêt ?
Vous qui y mettez le feu sans arrêt.
Que vous ont-ils fait les mers et les océans ?
Pour les pourrir un peu plus tous les ans.

Réfléchissez, amis Terriens à ce don divin,
On vous a donné la parole et le verbe,
Demain vous n'aurez plus un brin d'herbe.

À quoi vous sert donc votre intelligence ?
À faire de la planète Terre un désert immense ?
Bientôt vous n'aurez même plus une coupe de vin.

❖ ❖ ❖

ÉCRIRE... ET TOUJOURS ÉCRIRE

Écrire, écrire... et toujours j'écris
Pour le bien de mon âme,
La tranquillité de mon esprit
Et l'amour que j'ai des femmes.

Pour le bien de mon âme,
J'écris sur la bêtise de l'humanité
Qui depuis une éternité, rame
Sur les eaux troubles de l'imbécillité.

Pour le bien de mon âme,
J'écris des poèmes comme des pamphlets.
Je veux parler de tous ces drames,
Que seul l'amour peut encore souffler.

Pour la tranquillité de mon esprit,
J'écris des messages d'amour et de paix,
Pour tous ceux qui n'ont pas compris
Que la vie est un bien que l'on paye.

Pour la tranquillité de mon esprit,
Mes vers sont de vraies accusations
Sur les suffisances dont l'homme est épris
L'argent pour la puissance et la domination.

Pour l'amour que j'ai des femmes,
J'écris sur leurs valeurs intrinsèques,
Pour qu'elles restent éternellement des Dames
Dans la vie, pas comme sur les jeux d'échecs.

Pour l'amour que j'ai des femmes,
J'écris ce que je pense, sans être avare
D'éloges, sans animosité et sans fantasme,
En remerciement de votre création, perle rare.

❖ ❖ ❖

ÎLE OU FEMME

On aborde une île,
Ou on aborde une femme,
Par la grandeur de l'âme,
Sans langage inutile.

On accoste une île
Ou on accoste une femme,
Par des manœuvres habiles
Et force de rames.

On revient auprès d'elles,
Comme auprès d'une belle.
Se remettre en conditions,
Échanger de grandes émotions.

Chaque nouvelle escale
Est une grande découverte,
Sa beauté nous est offerte
D'une façon magistrale.

Qu'elle reste naturelle
Elle est encore plus belle.
Pas besoin de maquillage
Pour accepter son mouillage.

Douce magie des îles,
Comme une maîtresse habile,
Tes charmes nous déroutent,
Nous retiennent, nous envoûtent.

❖ ❖ ❖

L'ÉCHELLE DE L'AMOUR

Puisque à tes yeux, je suis si petit,
Je construirai sans aucun répit
Une échelle de sentiments, pour,
Tout là-haut, atteindre ma cible.

Elle sera faite dans le bois d'amour,
Merveilleux bois, dur et imputrescible,
Tant il est vrai que son essence
En fait le matériau le plus dense.

Ses montants, je les ferai de respect,
Et ses échelons seront bien campés,
Polis avec soins et toujours ajustés,
Tous, construits de ma générosité.

L'un, créé de mille attentions,
L'autre, d'une grande compréhension,
Le prochain, façonné avec tendresse
Que suivra celui de la délicatesse.

J'atteindrai avec grande humilité
Celui de l'immense bonté.
Je grimperai aussi, avec habileté,
Sur l'échelon de la sincérité.

J'arriverai sur celui de la franchise,
Celui que tu n'aimes pas qu'on déguise.
Je construirai celui de la confiance,
Que je gravirai sans méfiance.

J'irai là-haut, aimablement te cueillir,
Amie, beau et doux fruit de mon désir,
Car j'ai suffisamment de bois d'amour,
Pour la construire en très peu de jours.

❖ ❖ ❖

SAINT-VALENTIN

Pour la Saint-Valentin,
J'ai le cœur enfantin,
Je me sens tout chose,
En t'offrant cette rose.

Mon tout dernier dollar
Est parti avec cette fleur
Pour atteindre ton cœur.
Suis-je donc en retard ?

Quel prétendant a osé
Près de toi me précéder ?
Qui, pour toi dispose
D'un présent plus grandiose ?

Mais n'importe la valeur,
Car derrière cette fleur
Se cache un grand cœur
Tout gonflé du bonheur

De rester toujours ton ami,
Celui des grandes détresses,
Comme celui des richesses,
Qui font toute notre vie.

❖ ❖ ❖

TRANSPARENCE

Rires jusqu'aux larmes,
Gaieté, joie et bonheur
Vie aux mille couleurs,
Transparence de l'âme.

Doux rêves dans la nuit,
Grande gloire et richesse,
Vie pleine d'allégresse,
Conscience qui reluit.

Pleurs aux chaudes larmes,
Déceptions, tristesse, malheur,
Ciel terne et sans couleur,
Transparence de l'âme.

Cauchemars dans la nuit,
Disputes, haine et désespoir,
Existence pleine de déboires,
Conscience qui reluit.

❖ ❖ ❖

RAYONS DE SOLEIL

Joie des jeunes enfants
Jouant sur la plage,
Tous deux nus comme Adam,
Sans souci de leur âge.

Rires éclatants sur le sable
Comme les vagues inlassables,
Bonheur, joie et satisfaction
D'un père en admiration.

Avoir des enfants en bas-âge
Quand on a atteint la sagesse,
C'est là une nouvelle ivresse
Qu'il faut tenir avec rage.

Ne pas se laisser distancer
Par leurs jeux électroniques,
Avoir toujours la réplique
Sur leurs questions avancées.

Une bonne forme physique
Est un état indispensable,
Comme suivre leur musique,
Pas toujours très agréable.

Mes derniers rayons de soleil
Au couchant d'une vie agitée.
Lumière et reflet de la continuité,
Pour bercer mon dernier sommeil.

❖ ❖ ❖

GLOIRE À LA FEMME

Pour faire suite à "créatures imparfaites"
Qui m'a valu d'être traité de misogyne,
Je veux aujourd'hui vous mettre à la fête,
Et chanter à la grande gloire féminine.

C'est vrai que vous êtes toujours la première
De toutes les merveilles de ce monde.
C'est pourquoi, je veux le crier à la ronde
Que tous les hommes de leur femme en sont fiers.

Le Divin vous créa, je le dis bien haut,
Aussi intelligente sinon plus que l'homme.
Et, pour le doux modelage de vos formes,
Il n'existera jamais rien de plus beau.

On dit que vous êtes faibles et fragiles,
C'est nous qui le sommes, pauvres imbéciles,
Quand on voit qu'hier, l'homme était fier
Et aujourd'hui s'étale comme une serpillière.

Je manque d'adjectifs pour votre malice
Qui nous met sans cesse au banc des supplices.
Ajoutez à cela votre naturel instinct,
Et vous aurez à vos pieds, un doux pantin.

Vous souffrez pour notre orgueil de mâle
Et notre fierté d'être enfin devenu père,
Sans autre souci que notre plaisir animal,
Et justifier de notre passage sur Terre.

Comme l'eau, vous êtes notre source de vie,
De richesses, de conquêtes et d'envies.
Restez telles que vous êtes, Créatures Divines,
Car c'est ainsi qu'on vous aime et vous sublime.

❖ ❖ ❖

L'AMANDIER TRICENTENAIRE

Oui ! J'aimerais faire un dernier grand tour
Dans la beauté de la nature qui m'entoure.
Assis sous cet amandier tricentenaire,
Je me sens petit comme un enfant quinquagénaire.

Vois cette grosse branche la plus basse,
Elle est usée, tordue, et porte de nombreuses traces
Profondes de cordes de plus d'une balançoire
D'enfants gais, rieurs et sans devoirs.

Combien d'entre-eux as-tu aimés et accueillis
Dans tes branches à présent fatiguées et vieillies,
Et tant ont dû chanter et s'amuser à grimper
Dans les sommets de ton beau feuillage épais.

Toutes ces joies, ces gaietés et ces rires enfantins
N'est-ce pas ce qui t'a permis de vivre si longtemps
Et d'attendre patiemment le doux soleil de chaque matin
Qu'ils viennent vers toi pour s'amuser en chantant.

Au crépuscule, à cette douce heure des amoureux,
Tu fus témoin de nombreux et jeunes couples heureux,
Mais jamais tu n'as trahi leurs tendres confidences
Que tu gardes en secret, dans ton feuillage dense.

À midi, dans la douce fraîcheur de ton ombrage,
Tu abrites des couples âgés, ces vieux sont sages,
Et te prennent à témoin de leur passé heureux
Avant de te quitter pour le monde des Cieux.

❖ ❖ ❖

MANGÉ PAR LES VERS OU LA PROSE.

Serai-je mangé par les vers (du poète)
Ou par des crabes de prose (toute bête) ?
N'importe, pourvu que je repose (ma tête)
Dans une caisse en bois de fer (bien faite) !

Non ! je ne veux pas qu'on m'enterre à votre guise,
Je veux que mes cendres reposent aux Marquises.
Je ne veux pas, ce jour-là, vous voir vêtus de noir,
Je vous veux tous en couleurs, j'y serai pour vous voir.

Et tous les ans à l'anniversaire de ma délivrance,
Je veux que vous buviez du champagne et qu'on danse.
Je serai là-bas à vous attendre, mais Grand Dieu !
J'y pense, vous ne serez pas très nombreux.

❖ ❖ ❖

MOURIR ENFIN

Mourir, la belle affaire
Pour une certaine presse
Qui déjà vous enterre
Et que leurs lignes engraissent.

Valable pour les célébrités
Elle ne sera pas pour moi
Qui ai vécu dans la simplicité
Et guidé par une grande foi.

Vous avez voulu la grandeur,
Alors ne vous plaignez pas
Et n'ayez pas grande peur
À l'heure de votre trépas.

Voudriez-vous tout avoir,
La lie de cette coupe
Il vous faudra la boire
Jusqu'à la dernière goutte.

Cette coupe, je l'ai secouée
Et bu, cette vie tourmentée.
La mort sera ma délivrance
Qui chassera ma souffrance.

❖ ❖ ❖

LE MARCHÉ DE MARIGOT

Le samedi matin, j'aime flâner
Au milieu de ce marché très animé.
C'est le plus beau des mélanges,
Dans un bon esprit d'échanges.

On y capte plusieurs langues
Mêlées à la douce odeur de mangue,
Ou quelques bribes d'espagnol
De la boutique "Lily Doll's".

Poupées noires vêtues de madras
Et arôme délicat d'ananas,
Pour un agréable mélange tenace
De parfums, de couleurs et de races.

Là des effluves de grillades grasses,
De ribbs, de chickens et de gambas,
Ici un rythme de musique cadencé
Et d'odeurs de bières renversées.

Mais dans ma lente avancée,
Soudain, une douce caresse d'alizé
Apporte à mon odorat déjà comblé
Des senteurs d'épices poivrées.

Là, c'est l'anglais nasillard
D'un estivant Japonais blafard
Cadrant femme et enfants qui rient
Dans son autofocus dernier cri.

Pour choisir, marchander ou acheter,
Il faut sans cesse se baisser
Car les fruits et les légumes
Sont à terre, à même le bitume.

L'orchestre Steel-Band au grand complet
De la jeunesse de Grand-Case est venu jouer
Pour accompagner une œuvre de charité
Qui vend toutes sortes de gâteaux sucrés et salés.

Rapidement, un attroupement d'estivants
Les entoure, de nombreux appareils photo
Crépitent pendant que les caméras vidéo
Enregistrent des souvenirs palpitants.

Je ne me lasse pas de les admirer
Et d'écouter leurs rythmes cadencés
Pendant que dans la foule très serrée
Plusieurs couples se mettent à danser.

Une part de "Poudding St-Martinois" achetée,
Je rejoins la blonde Lily et ses poupées.
Ensemble nous dégustons ce gâteau sucré
Accompagné d'un petit verre de "Chardonnet".

Au port arrivent les pêcheurs d'Anguilla
Sur leurs saintoises qui brillent.
Une houle du nord rend l'accostage difficile
Mais les marins professionnels sont habiles.

Tandis que les bateaux arrivent,
Les frégates noires et les lourds pélicans suivent.
Les marins débarquent les poissons multicolores
Si frais, qu'ils sautent et frétillent encore.

La frégate, d'un vol rapide rase les flots
À la recherche de poissons tombés à l'eau,
Le pélican malin, se pose sur le bateau
Et va pêcher un gros poisson dans un seau.

Red snaper, baliste, perroquets et mérous,
Mais aucune langouste pour nous,
Elles sont toutes réservées avant,
Pour les grands hôtels et les restaurants.

Devant les longs étals des poissonniers
Faits de caisses en bois aux fonds grillagés,
C'est la foule, à qui passera le premier,
Car dans deux heures tout sera dégagé.

Près de l'enrochement des quais,
Derrière un morceau de contreplaqué,
Qui assis sur une caisse, qui sur un bidon,
On écaillera et videra votre poisson.

De La Dominique nous arrivent :
Oranges, citrons et pamplemousses,
Ignames, plantains et patates douces,
Devant une Doudou qui s'active.

Assise sur une caisse, toujours souriante
Avec un morceau de carton elle s'évente
Sous un vieux parasol publicitaire
Qui l'abrite de la pluie et des rayons solaires.

À côté, c'est le seul étal en hauteur,
Fait d'une vieille table toute branlante,
Couverte d'une toile cirée aux vives couleurs.
Dessous s'abrite une petite fille souriante.

Dessus sont disposés avocats et christophines,
Tomates, concombres, poivrons et aubergines,
Dont une forte Doudou toujours debout
Vante la fraîcheur et le bon goût.

Tout au bout de la grande allée,
C'est un jeune et chevelu rasta,
Appuyé par une musique de gwoka
Qui vend des cassettes de Bob Marley.

Devant le stand bleu d'Émilie,
Sous le regard sérieux de son mari,
Deux Américaines plantureuses et blanches,
Choisissent deux tee-shirts sans manches.

La Belle Lise aux lunettes cerclées d'or
Dans sa petite case créole toute rose,
Range avec beaucoup de soins et dispose
Les souvenirs à emporter de ce charmant décor.

Je continue ma promenade dans les parages
Au milieu de ces nombreux étalages
De paréos, de tableaux naïfs haïtiens,
De souvenirs en bois sculpté, verni ou peint,

De colifichets et bijoux de toutes provenances,
Mais ce qui frappe par son abondance
C'est le choix difficile et invraisemblable
De tee-shirts de toutes sortes, incalculable.

Alors que je m'apprête à quitter le marché,
Une belle femme noire, élégante, haut perchée,
M'adresse un joyeux bonjour amical,
Accompagné d'une chaude accolade tropicale.

J'emporte son fort parfum d'ambre gris sucré
En même temps que ceux du marché,
Avec une immense palette de couleurs
Et un grand répertoire de musique au cœur.

❖ ❖ ❖

DÉCEPTION

Dans ma mémoire sont ancrés des souvenirs
D'enfance que je ne veux pas voir mourir,
Les bois de chênes liège et les bois d'oliviers,
Les vergers d'orangers et les grands palmiers.

Le cresson cueilli sur le bord des ruisseaux,
Les glaïeuls sauvages dans les champs de blés murs,
Tout cela mêlé aux doux chants des oiseaux
Sous un soleil tunisien qui chauffait dur.

Une enfance pareille m'a fait aimer la nature.
Ne sachant pas ce que me réservait le futur,
Je me pose à présent des questions sur l'avenir
De la nature qui aujourd'hui semble mourir.

Au début du siècle roulaient les premières voitures,
Les premiers avions allaient conquérir les airs,
D'immenses bateaux écumaient les océans et les mers
À cette époque, l'air et les eaux étaient encore purs.

Mais pour que ces inventions persistent dans le futur,
Il a fallu créer de nombreuses infrastructures.
L'homme construisit en bord de mer, d'immenses ports,
Sur terre, des routes, des autoroutes et des aéroports.

Tous ces engins il a bien fallu les faire avancer,
On chercha alors un carburant qui donna le maximum.
On trouva du pétrole, de l'uranium on fit du plutonium,
C'est plus facile de creuser la terre que ses pensées.

Aujourd'hui, les déchets radioactifs sont partout,
Sur terre, en mer et dans l'air que l'on respire.
Comment Messieurs les savants, vous ne saviez pas du tout
Que de ces produits, il fallait s'attendre au pire ?

À vos yeux seule comptait votre admirable invention.
On vous comblait de gloire et de félicitations.
À votre place je me serais suicidé avant d'être noyé
Par les larmes de chagrin de cette humanité broyée.

L'air que nous respirons n'a presque plus d'oxygène,
Les mers et les océans n'auront bientôt plus de poissons,
La terre ne donnera plus de fleurs ni de moissons,
Et nous transmettrons à nos enfants de tristes gènes.

Depuis la saine et belle découverte de l'électricité,
L'homme continue d'avancer dans sa stupide stratégie.
Il a choisi les mauvais chemins dans sa technologie
Qui n'ont pas donné toute satisfaction à l'humanité.

Le troisième millénaire qui débute, sera le dernier
Qui nous est offert pour quitter ce mauvais chemin,
Et prendre de bien meilleures résolutions pour demain,
Sans oublier toutes ces inventions qu'il faudra renier.

Avec les eaux polluées et sans air pur, plus aucune vie.
Heureusement que le soleil est loin de notre planète,
Les scientifiques dans leurs bêtises, nous l'auraient ravi.
Qu'ont-ils donc comme matière dans leurs grosses têtes ?

Des milliards d'hectares de terre sont anéantis,
Et tout notre écosystème n'est plus ce qu'il a été.
Les décideurs n'ont pas assez réfléchi ou nous ont menti,
Au nom de la bonne évolution de notre belle société.

De cette évolution s'en est suivi d'énormes richesses
Qui créa des jalousies et entraîna d'affreuses guerres,
Laissant des traces de sang et une grande misère,
Indigne de l'intelligence de l'homme et de ses promesses.

Cette affreuse situation me rend triste et aigri.
Je m'inquiète fortement du sort de nos enfants.
Leur environnement à venir me semble bien gris,
Je ne voudrais pas qu'ils en veuillent à leurs parents.

Je fais partie quand même d'une de ces générations
Qui a conduit cette civilisation où elle en est.
Réparons ensemble le mal par d'autres solutions
Et nous serons fiers de nos petits-enfants bien nés.

❖ ❖ ❖

FEMME OÙ ES-TU

J'ai connu des femmes très belles,
Qui dans la tête avaient peu de cervelle.
Sur le parchemin fade de leur beauté
Étaient écrites de tristes imbécillités.

J'ai connu des femmes très fortunées
Qui croyaient que posséder des billets
Leur donnait le bon droit de dominer.
Comme leur or, elles voulaient briller.

J'ai connu des femmes se croyant intelligentes,
Mais en amour charnel étaient très indigentes.
Elles avaient belles paroles et beau langage,
Sur la couche, c'était leur unique bagage.

J'ai connu une jeune et grande nymphomane,
Croyant être née de la cuisse d'Aphrodite.
Toute autre qualité lui était interdite,
Dans son grand domaine, j'étais un âne.

J'ai connu une pauvre et triste ivrogne
Qui n'a jamais voulu arrêter de boire.
L'alcool lui faisait une vilaine trogne,
Pour un carnaval, c'était un masque à voir.

J'ai connu des femmes menteuses et rieuses
Voulant croquer la vie par les deux bouts.
Mais elles étaient très dispendieuses,
Et je me suis retrouvé nu comme un pou.

J'ai connu des femmes se disant spirituelles,
Qui n'étaient que des grenouilles de bénitier,
Ne sachant rien de l'amour inconditionnel,
Ni du Christ, dont nous sommes les héritiers.

Mais où est donc cette femme si admirable,
Que l'on dit un grand trésor inestimable.
Poète, elle est dans ton grand esprit rêveur,
Attends, et elle sera bientôt dans ton cœur.

❖ ❖ ❖

À MON MAÎTRE

Aujourd'hui, je n'ai plus l'esprit créateur,
Plus de plume légère, plus de vent sacré,
Plus d'inspiration, plus de couleur nacrée,
Plus de poème aux arabesques de mots rêveurs.

Aurais-je oublié jusqu'à ces moindres mots
Qui fêtaient la Nature et tous ses mystères,
Les mots de mon pacte avec la mer et ses flots
Qui me berçaient les soirs de grandes misères.

Ces mots sont-ils perdus dans le labyrinthe
De mon cerveau aujourd'hui endormi, douleur
Du poète en manque, sa lumière s'est éteinte
Sur une feuille restée blanche, sans couleur.

Supplice de l'oubli, mémoire condamnée,
Torture des matières grises surmenées.
À lire Hugo, mon grand maître des nuées,
Je me sens tout petit, écrasé, diminué.

Il avait toutes les muses à ses côtés,
Et Dieu au plus profond de son cœur,
Pour avoir écrit avec autant de beauté,
De génie, une œuvre d'une telle grandeur.

Mes mots se cachent, se sont évanouis,
"En pleine mer", "En plein ciel", "Tête éblouie",
"La bouche d'ombre" à moi, ne veut rien dire.
De cette feuille blanche, j'en suis le martyr.

Je suis également “Cet âne de bonté”
Qui reçut des coups de bâtons en société,
Et, comme lui, empreint d’une grande âme,
“Aide l’affreux, guidé par Dieu et sa flamme”.

Étais-tu Hugo, étais-tu “L’Archange”
“Muni dans les nuées d’un clairon monstrueux”
Pour sonner le dernier jugement, étrange
Clameur à faire frémir et déchirer les cieux ?

❖ ❖ ❖

UN CAP DE PASSÉ

Il y a quelques années, j’ai passé
La quarantaine en mue-gisant.
J’aurais préféré passer
Les quarantièmes rugissants.

J’ai passé ce cap borgne
Tout bêtement,
J’aurais voulu passer le Cap Horn,
Tout simplement.

❖ ❖ ❖

FLEURS DE RÊVES

Le poète court dans ses immenses champs de rêves
Il y cueille à grandes brassées des fleurs d’idées irréelles
Qui le rendent heureux à l’aube qui se lève,
Et lui font écrire et chanter des beautés éternelles.

UN NOUVEL ÉCHELON

Rien n'est étrange, rien n'est hasard.
Notre rencontre devait avoir lieu un jour.
C'est bien ce que j'ai lu dans ton regard,
Car mon chemin spirituel est sans détour.

Mon subconscient me dévoilait des sentiers
Que je décrivais dans certains poèmes.
Notre rencontre et notre début d'amitié
M'amènent à présent à des chemins suprêmes.

Je n'étais pas sûr de mes pensées, de mes idées.
Tu étais là au bon moment pour me guider.
Je suis sûr à présent d'être dans la vérité,
Tes livres ne font qu'exprimer leurs véracités.

J'ai toujours cru à l'amour inconditionnel,
Je l'ai écrit maintes et maintes fois,
Comme savoir, pouvoir et oser dans la foi.
Notre rencontre est pour moi "exceptionnelle".

J'ai écrit à la toute-puissante gloire de l'esprit,
Je me doutais que tout était empreint de vibrations,
Mais qui aurait pu m'apporter des confirmations ?
Si ce n'est "LE KYBALION" et ses puissants écrits.

Je connaissais, ne me demande pas comment,
La polarité, le rythme, le genre et la causalité,
Mais je ne connaissais pas leurs développements
Tout comme j'ignorais totalement leur utilité.

Que le Tout est dans tous,
Et tous sommes dans le Tout,
J'en ai toujours été persuadé,
La Bible certainement m'a aidé.

Dès la fin de la lecture du "KYBALION",
J'ai décidé d'utiliser la force de mon esprit
Pour qu'il me soit donné de nombreux écrits,
Car là est certainement ma nouvelle mission.

Merci ! MARIE, d'avoir apporté des échelons
Supplémentaires à mon échelle de connaissance.
Il me faut encore monter et le chemin est long,
Je serai toujours ton obligé plein de reconnaissance.

❖ ❖ ❖

LE CYCLONE

Je t'ai vu arriver de très loin,
Petit, mais déjà goulu et malin.
Tous les jours j'ai pu suivre ton chemin.
Tu es devenu énorme avec ton œil en coin.
Tu as déshabillé ma maîtresse si belle,
Tu l'as battue de tes rafales d'enclumes,
J'ai vu ses dessous en dentelle d'écume
Voler en haut de ses vagues rebelles.
Tu l'as maltraitée et elle s'est mise en rage,
Je t'ai vu sans cesse lui cracher au visage
Avec tes trombes d'eau sale en furie.
J'ai vu ses cicatrices zébrer son corps meurtri.

Tu es de la famille des cyclopes, maudit cyclone,
Vous êtes tous deux des affreux géants
À l'œil unique et vengeur des méchants.
Dis-moi ! Ne serais-tu pas son clone ?
Cesse de tourmenter mon admirable maîtresse
Ou j'enfourche Pégase qui déploiera ses ailes
Pour te rejoindre là-haut et te battre en duel.
L'amour me donnera la meilleure des adresses.
Je crèverai ton unique œil bien rond
Comme le fit Ulysse à Polyphème, le forgeron.
Te voici calmé mais toujours aussi futé.
Par ton souffle, en elle tu me fis chuter.
Dans ses grands bras tremblants et tuméfiés
Elle me porta avec douceur jusqu'au rivage.
À présent, de toi je saurai toujours me méfier,
Ne plus revoir ton œil rond au milieu de ton visage,
Et soigner celle qui m'a sauvé, la MER,
Mon inséparable maîtresse aux grands yeux verts.

❖❖❖

LE RAMEAU D'OLIVIER

Je suis l'olivier voyageur,
De la paix plein le cœur.
Mes fruits noirs comme bitume
N'ont jamais connu d'amertume.

D'îles en continents j'erre
À la recherche d'une terre
En coteaux, plaines ou ravines,
Pour y planter mes racines.

Mon rameau n'a jamais été reconnu
Et toujours je me suis retrouvé nu.
À recommencer mes forces tarissent
Et les racines de mon arbre pourrissent.

Mon rameau reverdira-t-il le jour
Où l'abeille viendra butiner mes fleurs ?
Mais très vite le temps court
Et la paix et l'amour se meurent.

❖❖❖

FER FORGÉ

Au bout du crayon je te vois
Sous le marteau je te ploie.

Viens à moi à la forge, rougir,
Dur fer que je veux assagir.

J'écrase, je tords et je volute,
La lourde enclume est ma flûte.

Les bouquets d'étincelles, ma gloire
Qui forge l'heure de ma victoire.

❖❖❖

MON PETIT LÉZARD

Il était un petit lézard plein de projets,
Qui venait le soir me tenir compagnie.
Il grimpait sur ma lampe en fer forgé
Pour se régaler de papillons et de fourmis.

Nous dînions ensemble, en tête-à-tête,
Comme tous les soirs depuis deux mois.
Je me suis mis à aimer cette petite bête,
Tout comme il s'était attaché à moi.

Il mesurait moins de deux pouces
Des rayures noires zébraient son corps marron,
Il avait de beaux yeux bleus très profonds
Et le bout de sa queue était rousse.

Je le félicitais de ses acrobaties
Quand il attrapait au vol un papillon.
Il me regardait, j'étais attablé et assis,
J'étais comme lui, en pleine dégustation.

Après quelques bonnes prises qu'il avalait,
Il faisait honneur à ma bouteille de vin
En buvant l'eau de condensation qui perlait.
Il était à côté de moi, à portée de ma main.

Je lui mis une coupelle remplie d'eau.
Il alla encore chasser et revint aussitôt
Pour boire à la coupelle, franchement,
Puis il s'avança vers moi lentement.

Il se dressa sur ses deux pattes de devant,
Me regarda droit dans les yeux, souriant,
Et gonfla sa petite gorge orange fièrement.
Ce fut pour moi un beau remerciement.

À l'heure où j'écris, il dort paisiblement,
Allongé sur une barre de fer tordu
Afin qu'il soit bien confondu.
Demain, nous dînerons ensemble, probablement.

❖ ❖ ❖

EXIL

C'est vrai que tu serais une belle île,
Si ce n'était certains qui la polluent.
Avec toi j'ai passé onze années d'exil,
J'ai appris à te connaître et tu m'as plu…

Tu étais la montagne que je devais gravir
Sur le chemin semé d'embûches de ma vie.
Je l'ai monté et descendu sans même fléchir,
Mon intuition m'en avait donné l'envie.

J'ai beaucoup cherché pendant cet exil,
Cherché la vérité des lois suprêmes.
J'ai trouvé qu'il fallait qu'on s'aime
Et qu'on pardonne, même aux êtres vils.

J'ai bien œuvré durant toutes ces années,
J'ai peiné, j'ai souffert et me suis tu.
J'ai aimé, j'ai créé et ne me suis point damné,
J'ai donné sans regret à qui veux-tu.

Je n'oublierai jamais mon Pic Paradis,
Sa fraîcheur et son calme reposant.
Là-haut, la beauté des fleurs est apaisant,
Et le soleil est doux en plein midi.

La nuit les grenouilles me berçaient de leurs chants,
Accompagnés des cris stridents des grillons.
J'entendais les racines de l'arbre pousser lentement,
Et j'admirais la chrysalide qui sera un beau papillon.

Je m'en retourne sur le sol de France
Même s'il est dit qu'elle est en décadence,
Je trouverai toujours une place de passage
Pour écrire l'amour en quelques pages.

❖ ❖ ❖

SALAMANDRE

N'es-tu pas née de ma forge, belle Salamandre ?
Les anciens te nommaient "Semence Métallique",
Pour un ferronnier, tu es bien symbolique,
Notre entente n'est pas pour me déplaire.
On m'a dit que tu renaissais de tes cendres.
Collée au plafond, tu ne veux pas descendre.
Comme le feu tu dévores ces insectes nuisibles
Car tu sais que je veux passer une nuit paisible.

❖ ❖ ❖

SAISONS

Il est de nombreuses saisons
Sur le chemin de sa vie.
Certaines ont leurs raisons,
D'être chaudes ou chargées de pluies.

❖ ❖ ❖

L'OUBLI

Ce matin, très tôt, je fus agréablement réveillé
Par la pluie qui frappait doucement les volets.
C'est que l'oubli m'avait tout simplement volé
Ce souvenir qui, autrefois m'avait émerveillé.

Je n'avais plus souvenance de ces belles saisons,
Vert printemps, été doré, automne gris, noir hiver,
Naissances, joies, tristesses, pleurs sans raison,
Aux Caraïbes, le chaud soleil nous ôte tous repères.

Les saisons façonnent la vie de toute la nature.
Le printemps fait naître les fleurs et les enfants,
L'été est l'arrivée des premières graines d'adolescents.

L'automne, c'est déjà l'homme, le fruit est mûr,
L'hiver est la triste fin de la plante, de la vie.
J'aime les saisons que les Caraïbes m'avaient ravies.

❖ ❖ ❖

ABSENCE

Tu étais un havre de paix,
Un îlot dans ma tempête,
Une bouée que j'attrapais,
Un doux oreiller pour ma tête.

Que de belles heures passées,
À discuter tous les soirs
De l'amitié et de l'espoir,
Sans aucune arrière-pensée.

De ces soirées magnifiques
Tu étais toute présente.
Quelle atmosphère magique
Tu faisais de notre entente.

Quelle richesse j'ai perdu…
La distance qui nous a séparés
Rend mon cœur éperdu.
Ce mal je dois le réparer.

Aujourd'hui avec des poèmes
Je te dis que je t'aime.
Demain tu seras fière
De mes actes très sincères.

❖ ❖ ❖

CHANT D'AUTOMNE

À l'automne, le chant de la nature
est le plus beau.
La rivière compose sa musique avec ses eaux
qui roulent les pierres dures.
Le vent fait vibrer les branches
de son archer invisible.
Les arbres frissonnent, laissant tomber leurs feuilles
comme de nouvelles notes de son recueil.
Le saule pleureur lâche ses larmes
pour grossir le chant de la rivière.
La pluie vient frapper de ses milliers de baguettes
les feuilles encore vertes.
Par-ci, par-là, le sifflet d'un oiseau
issu d'une cassure de roseau.
Une grosse branche qui craque
comme une cymbale qui claque.
Et le tonnerre qui sonne
comme une grosse caisse qui résonne
accompagne ce grand orchestre dans les nuages
en une symphonie grandiose
comme un digne hommage
à la Nature en symbiose.

❖ ❖ ❖

BIENTÔT L'HIVER

À l'automne, je lui reproche
Que son temps soit trop court.
Je sens l'hiver qui approche
Et rendra mes doigts gourds.

Avec quoi vais-je t'écrire
Belle muse qui m'inspire ?
Avec des doigts raides
Mon écriture sera laide.

Profitons d'un instant
Dans l'automne de notre vie
De chauffer notre sang
Au soleil de l'envie.

Sinon, la tombe de l'hiver,
Comme la grosse pierre de grés
Aura tristement recouvert
Mon corps plein de regrets.

❖ ❖ ❖

FLEUR DE JOIE

Je veux planter du rire
Dans ton cœur qui saigne
Je veux te voir bien vivre
Au pays des châtaignes.

Je veux semer la joie
Comme on sème du blé.
Je veux le prochain été
Danser gaiement avec toi.

Je veux cueillir les fleurs
Qui ont poussé dans ton cœur.
Ces fleurs de rire et de gaieté
Qu'avec amour j'avais plantées.

Regarde ! Toutes ces couleurs
Sont le reflet de la bonne humeur,
Ce sont des parfums de santé,
Respirons-les, jusqu'à satiété.

❖ ❖ ❖

L'APPROCHE DE L'HIVER

L'air est frais en ce matin tôt,
Voilà deux mois bientôt
Que l'automne s'est installé
Et que l'été s'en est allé.

Le Mistral aujourd'hui a soufflé
Chassant la douce tiédeur
Des claires nuits étoilées
Et l'hiver approche sa froideur.

Les fleurs de topinambours
Comme des petits soleils
Éclairent les alentours
De la rivière qui sommeille.

Le grand saule pleureur
Lâche ses petites feuilles
Comme de tristes pleurs
Que la rivière recueille.

Les pierres décident
Du chemin de l'eau claire
Qui descend et se ride
En voyant arriver l'hiver.

❖ ❖ ❖

NOUVELLES ÉTINCELLES

Plus d'étincelles de forge
et plus de fer à tordre,

Des étincelles d'idées
à transcrire sur le papier.

Loin de moi celle que j'aime
et plus se forge notre amour.

Des étincelles de bonheur m'amènnte
à écrire un autre jour.

Plus d'ampoules aux mains
et plus de sueur qui brûle les yeux.

Des étincelles toutes bleues
Tracent mon bonheur de demain.

Plus de chaleur des tropiques
et plus de corps au soleil se chauffant.

Des étincelles de froid me piquent
à écrire mon cœur brûlant.

❖❖❖

AL CHIMISTE

Je te croyais uniquement scientifique,
Ensorcelé de mille formules chimiques
Cherchant dans son microscope magique,
Des langoustes au goût soporifique,
Nageant dans un rhum des tropiques.

J'ai découvert un chimiste poète
Parmi ses cornues et ses éprouvettes,
En train d'écrire des formules de fêtes
D'une plume agréable et parfaite,
Trempée dans une amitié offerte.

Avec humour et cœur tu t'exprimes
Ne lésinant même pas sur les rimes.
Tu fais un clin d'œil vert en prime
Au ferronnier là-bas qui trime.
À bientôt ami, pour une fête sublime.

❖❖❖

LE SEL DE MA VIE

Les embruns de poésie
ont salé ma vie
qui aurait été désespérée
sur un bateau toujours ancré.
Grâce à eux,
j'ai vécu heureux.
J'ai connu de douloureux réveils
aux matins des tempêtes
et des nuits de doux sommeil
libérant des soucis de ma tête.
J'ai vu des horizons à tire d'aile,
comme des heures éternelles,
cherchant une île de répit,
un nouveau Paradis.
J'ai aimé ma grande liberté
et l'errance dans la solitude,
privé de toutes habitudes
qui rend l'homme hébété.
Aux moutons de panurge,
j'ai préféré les moutons des vagues
Qui m'ôtèrent cette purge
de la société qui divague.

❖ ❖ ❖

ÊTRE MARIN

Non ! Ne dis pas : je l'ai vaincue.
Ne te couvre pas de gloire
Comme un pantin de foire,
Elle a fait de toi ce qu'elle a voulu.

Ta grandeur n'est pas à la mesure
De son immense beauté
Que ton orgueil et ta fierté
De petit homme rassurent.

L'as-tu simplement admirée
Ne serait-ce qu'un jour à moitié ?
T'es-tu penché vers elle pour te mirer
Et voir ton âme au Mont de Piété ?

N'as-tu jamais reçu en plein visage
Ses énormes larmes de tristesse,
De désespoir et de rage
Comme des embruns de détresse ?

As-tu essayé de la comprendre,
Sais-tu qui la tourmente ?
Avant que tu te vantes
Il te faudra beaucoup apprendre.

Toi qui te crois capable
D'une gloire qui te fait envie
Tu n'auras pas assez d'une vie
Tant sa grandeur est admirable.

Toujours tu resteras petit marin
Si tu n'apprécies pas ses charmes.
Mais si tu l'aimes un brin
Tu jouiras jusqu'aux larmes.

Elle n'aime pas les vaniteux,
Les humbles ont sa préférence.
Quant aux fiers, aux orgueilleux
Elle leur prépare les pires souffrances.

Elle aimera qui a su l'écouter.
Son chant est si mélodieux
Qu'on croirait qu'elle prie Dieu
De la garder à ses côtés.

Teste sa grandeur avec humilité,
La profondeur de son âme
Vaut bien mille femmes
Et leur cortège de fidélité.

Admire sa palette de couleurs
Quand le soleil lui fait sa révérence,
Ses vaguelettes sont autant de fleurs
En paillettes multicolores qui dansent.

Je l'ai aimée de mille feux,
Je l'ai étreinte sous tous les cieux,
J'ai pleuré de joies délirantes
Au sommet de ses vagues géantes.

Sa longue houle j'ai caressée
Comme un doux corps de femme,
Et sans que le roulis n'ait cessé,
Je lui déclarais ma flamme.

Elle calmait mes humeurs
Du doux balancement de ses hanches.
Endormi, je devenais rêveur
Du bonheur qui s'épanche.

Après un fatigant voyage,
En repos sur la plage,
Elle arrosait mon corps inerte
De mille vaguelettes expertes.

Dans ses tourments et ses colères,
N'en viens jamais à l'insulte.
Il faut que ses humeurs tu les tolères
Ou tu sauras ce qui en résulte.

C'est avec grande patience
Et en restant toujours serein
Que tu lui feras confiance
Pour devenir un grand marin.

❖ ❖ ❖

SOMMAIRE

"Ino" 7
Femmes 8
Le Retour. 8
À la Dérive 9
Correspondance. 9
Pain de Poésie. 10
Buvons un Coup. 11
Amitiés 12
Idéale. 13
Les Quatre Saisons. 13
Aquarelles et Poésie. 14
Traversée d'Amour. 14
Oublier. 15
Eau de Poésie. 17
J'ai Rêvé 18
Salut à Vous 19
La Société. 20
Solitude. 21
Promenade Nocturne. 21
Chant d'Amour. 22
Fuir. 23
L'Astre Roi. 24
Fleurs de Lunes. 25
Ivresse d'Amitié. 25
Mes Enfants. 27
Saisons : Printemps, Été, Automne, Hiver. 28
Liberté. 29
Femmes. 30
La Mer. 30
La Vie que j'Aime. 33
La Chute. 33

Soirée Imbibée.. 34
Le Peintre Poète.. 35
Cicatrices 36
La Géométrie... 37
Épaves... 39
Couleurs.. 39
Heureux. 41
Les Portes. 42
Femmes et Bateaux. 43
Amour et Temps. 43
À Chacun sa Misère. 45
À Nos Amis Terriens... 46
Quatre Saisons d'Amour. 47
Le Pain Noir... 48
Création. 49
La Danseuse. 50
Mon Jardin Merveilleux.. 51
Souvenirs... 53
Sonnet l'Alarme 55
Écrire et Toujours Écrire 56
Île ou Femmes. 57
L'Échelle de l'Amour... 58
Saint-Valentin.. 59
Transparence. 60
Rayons de Soleil.. 61
Gloire à la Femme... 62
L'Amandier Tricentenaire.. 63
Mangé par les Vers ou la Prose. 64
Mourir Enfin.. 65
Le Marché de Marigot... 66
Déception.. 70
Femmes Où Es-Tu ? 72
À mon Maître. 74
Un Cap de Passé.. 75
Fleurs de Rêves. 75

Un Nouvel Échelon... 76
Le Cyclone.. 77
Le Rameau d'Olivier.. 78
Fer Forgé.. 79
Mon Petit Lézard.. 80
Exil... 81
Salamandre.. 82
Saisons... 83
L'oubli.. 83
Absence.. 84
Chant d'Automne... 85
Bientôt l'Hiver... 86
Fleur de Joie 86
L'Approche de l'Hiver.. 87
Nouvelles Étincelles... 88
Al Chimiste.. 89
Le Sel de Ma Vie.. 90
Être Marin 90